AF498171

IPHIGÉNIE
EN TAURIDE,
TRAGÉDIE,

REPRÉSENTÉE,
POUR LA PREMIERE FOIS,
PAR L'ACADEMIE-ROYALE
DE MUSIQUE

Le six Mai 1704.

Reprise le quinze Janvier 1719.

Et le seize Décembre 1734.

Et remise au Theâtre le Novembre 1762.

PRIX XXX. SOLS.

AUX DÉPENS DE L'ACADÉMIE.
A PARIS, Chés DE LORMEL, Imprimeur de ladite Académie, rue du Foin, à l'Image Sainte Genevieve.

On trouvera des Livres de Paroles à la Salle de l'Opera.

M. DCC. LXII.
AVEC APPROBATION ET PRIVILEGE DU ROI.

Le Poeme est de feu M. DUCHÉ,

*La Musique est de feus Messieurs DES MARÈTS
& CAMPRA.*

ACTEURS CHANTANTS
DANS LES CHŒURS.

CÔTÉ DU ROI.		CÔTÉ DE LA REINE.	
Mesdemoiselles.	*Messieurs.*	*Mesdemoiselles.*	*Messieurs.*
La croix.	Le Page.	D'alliere.	S. Martin.
Durand.	Delvaux.	Massont.	Albert.
Fontenet.	Chicot.	Salaville.	L'Écuyer.
Delor.	Scelle.	Lachantrie.	Tourcaty.
Roublot.			Cailteau.
Guillaume.	Rose.	Villanfin.	Chappotin.
Duplant.	Robin.	Adélaïde.	Favier.
de Valbert.	Antheaume.	Marin.	Feret.
Héry.	Dupar.	Chenays.	Du Perrier.
			Boy.
			Laurent.

A ij

ACTEURS.

IPHIGÉNIE, *Grande Prêtreſſe*
de DIANE, *ſœur* d'ORESTE &
d'ÉLECTRE,   Mlle. Chevalier.

ORESTE, *frere* d'IPHIGÉNIE
& d'ÉLECTRE,   M^r. L'arrivée.

ÉLECTRE, *ſœur* d'IPHIGÉNIE &
d'ORESTE, *aimée de* PILADE, Mlle. Lemiere.

PILADE, *ami* d'ORESTE &
Amant d'ÉLECTRE,   M^r. Pillot.

THOAS, *Roi de la Tauride*,
Amant d'ÉLECTRE,   M^r. Gélin.

ISMÉNIDE, *Confidente* d'I-
PHIGÉNIE,   Mlle. Rivier.

CHŒURS *de* SCITHES.

DIANE,   Mlle. Dubois.

CHŒUR *de* NIMPHES *de la ſuite de*
DIANE.

LE DIEU TRITON,   M^r. Muguet.
L'OCÉAN,   M^r. Durand.
CHŒUR *de* DIEUX MARINS, & *de*
NÉRÉIDES.

ACTEURS.

LE GRAND SACRIFICATEUR
de DIANE,   Mr. Joly.

CHŒUR de SACRIFICATEURS.

PRÉTRESSES de DIANE.

UNE PRÊTRESSE,   Mlle. Bernard.

CHŒUR de GRECS.

La Scêne est dans la ville capitale de la Tauride.

PERSONNAGES DANSANTS

ACTE PREMIER.
SCITHES.

M^r. LYONNOIS, Mlle. LYONNOIS.

M^r. LANY, Mlle. ALLARD, M^r. D'AUBERVAL.

M^rs. Trupty, Hamoche, l., Rogier, Riviere,
Lany, c., Armeri.

Mlles. Siane, Dornet, Contat, Daché, Lacour,
Boufcarelle.

ACTE SECOND.
NIMPHES DE DIANE.

Mlle. VESTRIS.

Mlles. REY, PETITOT.

Mlles. Demiré, S. Martin, Saron, Buard, Villette,
Lahaie.

ACTE TROISIEME.
TRITONS.

M^r. D'AUBERVAL.

M^{rs}. Béate, Cezeron, Bianqui, Doſſion, Hamoche, c., Sionet.

NÉRÉIDES.

Mlle. ALLARD.

Mlle PESLIN.

Mlles Cornu, Lozange, Contat, Daché, Lacour, Martaiſe.

ACTE QUATRIEME.
SACRIFICATEURS.

M^{rs}. LAVAL, GARDEL.

M^{rs}. Lelievre, Hyacinte, Trupty, Hamoche, l., Rogier, Compioni, Riviere, Armeri.

PRÊTRESSES.

Mlle. LANY.

Mlles. DUMONCEAU, GUIMARD.

Mlles. Rey, Petitot, Demiré, S. Martin, Saron, Cornu, Villette, Lahaie.

ACTE CINQUIEME.

GRECS & GRECQUES.

M^r. VESTRIS.

M^{rs}. D'AUBERVAL, GROSSET.

Mlles. DUMONCEAU, GUIMARD.

M^{rs}. Lelievre, Hyacinte, Trupty, Hamoche, l.; Rogier, Compioni, Riviere, Armeri.

Mlles. Rey, Petitot, Demiré, St Martin, Saron, Villette, Cornu, Lahaie.

IPHIGÉNIE

IPHIGÉNIE
EN TAURIDE,
TRAGÉDIE.

ACTE PREMIER.

Le Théâtre repréfente le Palais de THOAS.

SCENE PREMIERE.
IPHIGÉNIE, ISMÉNIDE.

IPHIGÉNIE.

Phantôme de la nuit, noire & funefte image,
Que la clarté du jour ne fauroit diffiper,
Cruël & finiftre préfage !
De quel effroi mortel viens-tu de me frapper ?

B

La crainte, qui redouble en mon âme séduite,
Retrace des objèts, que je veux effacer ;
　　　Et le trouble affreux qui m'agite
S'augmente, d'autant plus que je veux le chasser.

I S M É N I D E.

　　Qui peut troubler Iphigénie ?
En vain Calchas ôsa proscrire votre vie ;
Diane a protégé des jours si précïeux.
Pouvés-vous craindre encor un destin rigoureux ?

I P H I G É N I E.

Dans l'horreur d'une nuit terrible, épouventable,
A la pâle lueur d'un lugubre flambeau,
J'ai vu ma mere, o spectacle effroyable !
　　　Entraîner mon pere au tombeau.
Tous deux sanglants, tous deux enflâmés de colere,
　　　M'ont mis un poignard à la main ;
Et, prête à le lever sur Oreste mon frere,
Je me sentois forcée à lui percer le sein.

I S M É N I D E.

D'une vaine terreur devés-vous être atteinte ?
　　　Tout s'empresse à combler vos vœux.
　　　Laissés la tristesse & la crainte
Aux cœurs, que le destin a rendu malheureux.

IPHIGÉNIE.

D'autres fujèts de crainte étonnent mon courage,
Et forcent mon cœur à trembler.

Tu fais que fur ce bord fauvage,
Nos Scithes ont furpris, & mis dans l'efclavage
Une troupe de Grecs, que l'on doit immoler :
J'ai vu, dans ce palais, leurs chefs chargés de chaînes.
L'un d'eux, fier, intrepide au milieu de fes peines,
A fur lui retenu mes yeux.
Un fentiment confus de mon âme s'empare ;
Je gémis, malgré moi, de fon fort rigoureux.

ISMÉNIDE.

L'Amour a fufpendu la mort que l'on prépare
A ces étrangers malheureux ;
Une jeune princeffe, arrêtée avec eux,
Peut changer une loi barbare :
Le Roi l'aime ; il rendra tous les Grecs à fes vœux.

IPHIGÉNIE.

Ah ! que tu connois mal ce qui caufe la crainte
Dont, malgré moi, je fuis atteinte.

Mon cœur, troublé, faisi d'effroi,
S'interesse à ces Grecs, plus que je ne veux croire.
Qu'ils périssent plûtôt, il y va de ma gloire.

I S M É N I D E.

Le Roi vient; cachés-lui le trouble où je vous voi.

SCENE II.

THOAS, IPHIGÉNIE, ISMÉNIDE.

T H O A S.

J'Ordonne un pompeux facrifice ;
Prêtreffe de Dïane, il faut que dans ce jour
Vous immoliés ces Grecs, que le deftin propice
M'a fait furprendre en ce féjour.

I P H I G É N I E, *à part.*

Dieux !

T H O A S.

Vous favés qu'un Oracle terrible
M'annonce une mort infaillible,
Si ces fiers étrangers reftent dans mes états.
Pour un fuperbe objet , ma fatale tendreffe
M'avoit fait, jufqu'ici, fufpendre leur trépas ;
Mais c'eft trop écouter de dangereux appas.
La pitié dans les rois devient une foibleffe,
Lorfque la gloire & la fageffe
Ne la conduifent pas.

IPHIGÉNIE,

(*haut.*)   (*à part.*)

J'obéirai, Seigneur. . . . . . . Hélas!

SCENE III.

THOAS, *seul.*

QUE vais-je faire ?

Par quelle barbarie, à moi-même contraire,

Porterai-je à mon cœur les plus horribles coups !

Je vais punir une beauté cruëlle ;

Mais pourrai-je brîfer des nœuds encor trop doux ?

Et ne ferai-je pas, comme elle,

La victime de mon couroux ?

Amants heureux, que je porte d'envie

Aux faveurs, dont l'Amour couronne vos foûpirs !

Mon âme eft à fes feux en efclave affervie,

Toute efpérance m'eft ravie,

Et mon dépit mortel irrite mes defirs.

Amants heureux, que je porte d'envie

Aux faveurs, dont l'Amour couronne vos foûpirs !

Vengeons - nous d'une ingrate, à qui je ne puis
plaire ;

Que l'orgueilleufe apprenne à gémir à fon tour.

Que ne peut point une jufte colere ,

Quand elle naît d'un malheureux amour ?

S C E N E   IV.

É L E C T R E , T H O A S.

É L E C T R E.

EH bien , barbare que vous êtes !
J'apprends enfin les maux où vous me condamnés ;
On vient de publier vos facriléges fêtes ,
Mon frere va périr , c'eft vous qui l'ordonnés.

Par cette rigueur inhumaine
Votre ardeur à mes yeux prétend-elle éclater !
Eh ! depuis quand l'Amour fait-il éxécuter
Les fureurs qu'infpire la Haîne ?

T H O A S.

Vous avés feint jufqu'à ce jour
D'ignorer de mes feux toute la vïolence :
 Par mes tranfports & ma vengeance,
 Ingrate ! apprenés mon amour.

É L E C T R E.

Quel amour ! ou plûtôt quelle affreufe injuftice !
Je mourrai, fi je vois vos arrêts confirmés.
 Puis-je croire que vous m'aimés,
 Quand vous voulés que je périffe ?

T H O A S.

Qui fait fi l'un des Grecs, que je livre au fuplice,
N'eft pas le feul obftacle à mes defirs fatal ?
Sur la foi des tranfports qui prèffent ma vengeance,
Je crois qu'avec mes loix l'amour d'intelligence,
 Me fait attaquer un rival.

É L E C T R E.

Sans fecours, fans efpoir, inquïete, captive,
 A chaque inftant la mort vient m'allarmer,
 Puis-je vouloir me faire aimer?
A-peine fais-je, hélas! fi l'on veut que je vive.

(*On entend une fimphonie.*)

THOAS.

T H O A S.

Pour célébrer le jour où la faveur des cieux
　　Me découvrit l'abord funeste
De ces Grecs, que pourſuit la colere céleſte,
Mon peuple, par ſes chants, vient de rendre grâce
　　aux Dieux.
　　Rendés vos captifs à la Grece ;
C'eſt en vos mains que je remèts leur ſort :
　　Mais profités de ma tendreſſe,
Et choiſiſſés ou le trône, ou leur mort.

S C E N E V.

T H O A S, Chœur *de* Scites.

ʟᴇ *C H Œ U R.*

CHantons un Roi couvert de gloire ;
　　Que ſa grandeur dure à-jamais ;
Que toûjours devant lui ſoient Mars & la Victoire ;
Qu'il ſoit toûjours ſuivi des jeux & de la paix.

On danſe.

T H O A S & le Chœur, *alternativement.*
　　Dieu puiſſant, qu'adorent les Thraces,
　　Quand la Paix déſarme ton bras,
Près de Vénus, le plaiſir, ſur tes traces
　　Vole, & répand tous ſes appas.
　　　　　　　　　C

Nous t'imitons dans ces heureux climats ;
Les beaux jours de la Paix font le regne des Grâces.

Dieu puiffant, &c.

(La fête continue & termine cet Acte.)

FIN DU PREMIER ACTE.

ACTE SECOND.

Le Théâtre repréſente un bois conſacré à DIANE.

SCENE PREMIERE.

ORESTE, PILADE.

ENSEMBLE.

NOs deſtins ennemis remportent la victoire;
Dieux implacables! Dieux cruëls!
Vous faites-vous une honteuſe gloire
D'accâbler de foibles mortels?

ORESTE.

O Mort! que tes horreurs auront pour moi de
charmes!
Tu fais mon eſpoir le plus doux.

Le meurtre de mon pere a fait couler mes larmes;
Pour venger ſon trépas, mon bras a pris les armes;
Clitemneſtre ma mere a péri ſous mes coups;

C ij

Infenfé, furïeux, en proie à mes allarmes,
Sur moi les noires Sœurs épuifent leur couroux.
O Mort ! que tes horreurs auront pour moi de
　　charmes !
　　　　Tu fais mon efpoir, le plus doux.
　　　　P I L A D E.
Le Ciel pourra calmer fa colere inhumaine.
　　　　O R É S T E.
　　　Non, j'ai trop mérité fa haîne.
　　Perfécuté des hommes & des dieux,
Apollon vainement m'a promis qu'en ces lieux
Orefte infortuné verroit finir fa peine,
　　　Et terminer fes tranfports furïeux.
　　　　P I L A D E.
Du fecours d'Apollon nous devons tout attendre.
　　　　O R E S T E.
　　　Quel fecours pouvons-nous prétendre !
Dans un temple fatal, teint du fang des mortels,
Où le Scithe à Dïane offre un barbare hommage,
Il faut de la Déèffe ôfer ravir l'image,
Et tranfporter ailleurs fon culte & fes autels.
　　　　E N S E M B L E.
Sur ces mêmes autels, déplorables viĉtimes,
O R E S T E ⟩ Pilade, Éleĉtre ⟩
P I L A D E ⟨ Éleĉtre, Orefte ⟩ vont périr.

O R E S T E.

Que ne puis-je, du-moins, moi seul laver mes crimes !

P I L A D E.

Que ne puis-je vous fecourir !

S C E N E   I I.

ÉLECTRE, ORESTE, PILADE.

P I L A D E , à É L E C T R E.

LEs Dieux feront-ils infléxibles ?
Devons-nous éprouver leurs dernieres rigueurs ?
Réfervent-ils pour les plus tendres cœurs ,
Leurs coups les plus terribles ?

É L E C T R E.

Connoiffés jufqu'où va l'injuftice du fort :
Des plus affreux malheurs je me vois pourfuivie ;
Je puis fauver vos jours, & conferver ma vie,
Et moi-même je vais ordonner notre mort.

O R E S T E.

Que dites-vous !

P I L A D E.

Vivés.

É L E C T R E.

Dieux cruëls , que j'attefte ,

Puiſſé-je être à-jamais l'objet de vos fureurs,
        Si je ſuis ce conſeil funeſte !

ORESTE.

Parlés, dévoilés-nous ces ſecrettes horreurs.

ÉLECTRE.

Un barbare en mes mains met votre deſtinée ;
De vos jours malheureux, arbître infortunée,
Je puis d'un fier tiran vaincre la crüauté ;
Mais, à d'affreux liens pour-jamais condamnée,
        Il faut qu'un horrible himenée
        M'immole à votre liberté.

ORESTE.

Ah, périſſe plûtôt le reſte des Atrides !

PILADE, à ÉLECTRE.

Vivés ; c'eſt le ſeul bien que je puis ſouhaiter.

ÉLECTRE.

Que je vive ! non, non, c'eſt trop vous écouter :
Ma gloire & mon amour me vont ſervir de guides....
        Mais quoi ! mes refus homicides
Dans la nuit du tombeau vont vous précipiter !

ORESTE.

Mourons ; bravons des Dieux la barbare puiſſance !
        Leur honte eſt remiſe en nos mains :
Que la mort, confondant le crime & l'innocence,
        Condamne les Dieux inhumains.

Une juste fureur de mon âme s'empare :
Insultons ces tirans des malheureux mortels ;
Allons les attaquer, jusques sur leurs autels.

ÉLECTRE.

Que faites-vous !

PILADE.

Il se trouble.

ÉLECTRE.

Il s'égare.

ORESTE.

Ces Dieux, ces Dieux cruëls sont armés contre moi !
Que de feux ! que d'éclairs ! quels éclats de tonnerre !
Sous mes pas chancelants je sens trembler la terre,
Ses gouffres sont ouverts !. Ciel ! qu'est-ce que je voi ?
C'est Clitemnestre ! .. Fuis dans la nuit éternelle,
    Spectre horrible, ombre criminelle ;
    Crains encor ma juste fureur !

ÉLECTRE.

Connoissés-nous.

PILADE.

Perdés une vaine terreur.

ORESTE.

Mille feux dévorent mon âme ;
Tout l'enfer se montre à mes yeux.

Un mélange terrible & de fang & de flâme,
    Comme un torrent, vient innonder ces lieux.

Que voulés-vous de moi, barbares Euménides ?
N'ai-je pas trop payé mes tranfports homicides ?
    Eh bien, ma mort va remplir vos defirs...
Je vous fuis... je defcends fur l'infernale rive ;
Et mon âme troublée, errante, fugitive,
    Va fe perdre avec mes foûpirs.

        (*Il tombe évanoui.*)

P I L A D E.

O vous, que l'univers adore,
Maître des Dieux, calmés le trouble de fes fens !

É L E C T R E.

Ce n'eft pas ton fecours, c'eft la mort que j'implore ;
    Ciel ! entends mes triftes accents.

      (*On entend une douce harmonie.*)

É L E C T R E & P I L A D E.

Le Ciel eft fenfible à nos larmes,
Les Dieux ont reçu nos foûpirs :
Un bruit harmonïeux, par d'invincibles charmes,
Appaîfe de nos cœurs les mortels déplaifirs.

    (*Diane defcend des cieux.*)

SCENE

S C E N E   I I I.

D I A N E, N I M P H E S de sa Suite,
ÉLECTRE, ORESTE, PILADE.

D I A N E.

JE ne puis du destin changer la loi suprême ;
Jupiter, en tremblant, la révere lui-même :
        Mais je viens, pour quelques moments,
Suspendre les fureurs d'un malheureux coupable ;
        Et l'arracher aux rigoureux tourments
        Dont l'enfer en couroux l'accâble.

Par de celestes chants, par de divins concerts,
Chassons d'un cœur troublé le mal qui le possede ;
        Et qu'une douce paix succede
        Aux maux cruëls qu'il a soufferts.

L E   C H Œ U R.
Par de celestes chants, &c.

                                        On danse.

D I A N E.
Vous, qui punissés les grands crimes,
Des vengeances du Ciel, ministres, & victimes,
Euménides, fuyés de ces aimables lieux :
Et vous, divine Paix, venés dans ces retraites,
        Répandre ces douceurs parfaites,
Qui font le vrai bonheur des hommes & des dieux

                            On danse.
                                D

CHŒUR de NIMPHES.

Loin de nos jeux , importune tendreſſe ;
Volage Amour, nous redoutons tes traits :
Aux lâches cœurs inſpire ta foibleſſe ,
Trouble leur repos, & trompe leurs ſouhaits.
Jouïr toûjours, & deſirer ſans-cèſſe ,
C'eſt le ſort heureux de qui chérit la paix ;
Nos biens dureront à-jamais.

On danſe.

(*DIANE, & ſa ſuite ſe retirent.*)

S C E N E I V.
ORESTE, ÉLECTRE, PILADE.

ORESTE , ſe levant.

Ou ſuis-je ? quel Dieu tutélaire
De mes troubles cruëls vient d'arrêter le cours ?

PILADE.

Le Ciel déſarme ſa colere ;
Diane à nos ſoûpirs accorde ſon ſecours.

ÉLECTRE, ORESTE & PILADE.

Après des craintes mortelles ,
Que l'eſpoir a de douceurs !
Les Dieux, touchés de nos pleurs,
Flatent nos peines cruëlles ;
Ils finiront nos malheurs.
Après des craintes mortelles ,
Que l'eſpoir a de douceurs !

FIN DU SECOND ACTE.

ACTE TROISIEME.

Le Théâtre repréfente le port de la ville capitale de la Tauride.

SCENE PREMIERE.

THOAS, ÉLECTRE.

THOAS.

NON, je n'écoute plus que ma jufte colere,
C'eft trop longtems fouffrir des mépris odïeux :
Pour la derniere fois vous allés, en ces lieux,
  Voir & les Grecs & votre frere :
Et, puifqu'en fes refus votre cœur perfévere,
  Je vais les faire immoler à vos yeux.

D ij

É L E C T R E.

Quelque soit mon destin, je l'attends sans allarmes,
Tous les Grecs vont périr, & j'ai dû le prévoir :
    Bientôt un heureux désespoir
Leur donnera mon sang, au défaut de mes larmes ;
Le plus cruël trépas aura pour moi des charmes,
Quand il me sauvera de l'horreur de vous voir.

T H O A S.

Vous ne jouïrés pas de ce plaisir funeste ;
Vous vivrés, renoncés à l'espoir qui vous reste :
Ma fureur vous réserve à de plus longs tourments.
Je veux, pour égaler le suplice à l'offense,
De vos jours malheureux rendre tous les moments
    Les ministres de ma vengeance.

Mais allons, & suivons mes transports furïeux.

É L E C T R E.

Vous voulés donc, cruël ! que j'expire à vos yeux ?

T H O A S.

Ingrate ! vous cherchés à séduire mon âme ;
Mais vos rigueurs ont étouffé ma flâme :
Il est tems de punir vos injustes mépris.

É L E C T R E.

Que vos fureurs me prennent pour victime;
Moi feule j'ai commis le crime,
Et je dois feule en recevoir le prix.

T H O A S.

Que vous connoiffés bien le pouvoir de vos larmes!
Ingrate! il faut céder à de fi fortes armes:
Je fens tout mon couroux expirer dans mon cœur.
Vivés, régnés; mon amour vous en prèffe.
Mais, fi vous abufés encor de ma tendreffe,
Craignés l'excès de ma rigueur.
Vous ne répondés point! balancés-vous encore?

É L E C T R E.

Vos bontés furpâffent mes vœux.
Accordés pour les Grecs la grâce que j'implore;
Les bienfaits peuvent tout fur les cœurs généreux.

SCENE II.

ÉLECTRE, ORESTE, PILADE, THOAS, GARDES.

THOAS.

Venés, Infortunés, voyés finir vos peines;
Cette beauté vient de brîfer vos chaînes:
Rendés grâce à l'amour, qui comble mes defirs.

ORESTE & PILADE.

Qu'entends-je ? o Ciel !

THOAS.

Que mon peuple s'emprèffe
A vous ouvrir les chemins de la Grece:
Tout doit reffentir mes plaifirs.

ORESTE.

Que mille morts plûtôt brîfent notre efclavage !
Le Ciel eft plein de nos aïeux ;
Un barbare ôferoit fouiller le fang des Dieux !
Le trépas eft pour nous un moins fenfible outrage.

ÉLECTRE, à ORESTE & à PILADE.

Que faites-vous ?

ORESTE & PILADE, à THOAS.

La mort a pour nous plus d'attraits.

PILADE.

De noſtre juſte orgueil c'eſt aſſés vous inſtruire.

ORESTE & PILADE.

Ménagés moins des cœurs, que rien ne peut ſéduire;
Et qui vous puniroient, même de vos bienfaits.

THOAS, à ÉLECTRE.

Ai-je aſſés ſoûtenu cet excès d'inſolence ?
Connoiſſés mon amour par ce profond ſilence :
        Mais bientôt de tous mes tranſports
        Rien ne pourroit plus les défendre.
A fléchir leur audace employés vos efforts ;
Ma bonté juſques-là veut bien encore deſcendre :
Mais, ſi malgré vos ſoins ils ôſent m'outrager,
Malheur à qui m'aura contraint à me venger.

SCENE III.

ÉLECTRE, ORESTE, PILADE.
GARDES.

ÉLECTRE.

Qu'avés-vous fait ? cruëls !

ORESTE.

Quitte ces lieux, perfide !
Et fuis l'indigne objet de qui l'amour te guide.

ÉLECTRE.

Je n'ai point mérité ces titres odïeux ;
Pilade me connoîtra mieux.

PILADE.

Je ne me plaindrois point, quand une ardeur nou-
velle
Aux vœux de mon rival vous feroit confentir ;
Mais vous m'avés promis une amour éternelle.
Eh, du-moins, attendés, cruëlle !
Que mon trépas ait pu vous garentir
Du crime de m'être infidele.

ÉLECTRE.

Quelle injuftice ! o Ciel, quelle rigueur !
On ôfe m'accufer d'une flâme fatale !
J'ai pour moi les Dieux, & mon cœur.

ORESTE.

O R E S T E.

Plus coupable cent fois qu'Atrée & que Tantale,
Indigne sang des Dieux, dont vous tenés le jour,
Vous immolés leur gloire à votre lâche amour.

É L E C T R E.

C'est pour vous seuls, cruëls ! qu'interdite, trem-
  blante,
D'un tiran furïeux j'ai flaté les desirs :
Vous partiés, & bientôt ma main impatïente,
Alloit, par mon trépas, finir mes déplaisirs :
Vos injustes soupçons vont vous coûter la vie,
Mais j'atteste le Dieu qu'adore l'univers,
  Qu'avant qu'elle vous soit ravie,
Mon ombre aura payé le tribut aux enfers !

P I L A D E.

Que dites - vous ?

É L E C T R E.

  Ingrat ! il faut vous satisfaire ;
Oui, je cours d'un barbare irriter la colere,
Révéler le secret de nos feux mutuëls ;
Et, tombant sous les coups d'un tiran que j'abhorre,
Punir mon lâche cœur de vous aimer encore,
  Malgré vos soupçons criminels.

E

PILADE.

Elle fuit ! o deſtin barbare !
Ah, dans ſon déſeſpoir ne l'abandonnons pas.
(*PILADE ſuit ÉLECTRE.*)

SCENE IV.

THOAS, ORESTE, *Chœur de Scithes,*
GARDES.

THOAS.

POur célébrer la fête qu'on prépare,
Venés, Peuples, ſuivés mes pas.
(*à ORESTE.*)   .
A fléchir ton orgueil a-t-on ſu te contraindre ?
La mort t'a-t-elle enfin inſpiré de l'horreur !

ORESTE.

La mort ! ſi j'avois pu la craindre,
Ma honte auroit déja prévenu ta fureur.

THOAS.

Qu'on l'ôte de ces lieux.

(*Les GARDES emmenent ORESTE.*)

SCENE V.

THOAS, *Chœur de Scithes.*

QUel trouble affreux m'agite ?
En faveur de ces Grecs l'amour me follicite ;
Et l'Oracle, contre eux, me ranime à fon tour.

Troubles cruëls, fouffrés que je refpire.
Quoi ! faudra-t-il en ce funefte jour
Hafarder ma vie, & l'empire,
Ou renoncer à mon amour ?

Vous, de qui mes aïeux ont reçu la naiffance ;
Grand Océan, favorable Thétis,
Dont les oracles m'ont appris
Qu'un Grec me raviroit la vie & la puiffance ;
D'un trouble fi cruël retirés mes efprits.

Quittés le vafte fein de l'onde,
Venés, paroiffés, Dieu des mers ;
Sortés, pour honorer nos jeux & nos concerts,
De votre demeure profonde.

LE CHŒUR.

Quittés le vafte fein de l'onde,
Venés, paroiffés, Dieu des mers ;
Sortés, pour honorer nos jeux & nos concerts,
De votre demeure profonde.

E ij

SCENE VI.

THOAS, Chœur de Scithes, TRITON, Dieux Marins, & Néréides.

(Le Dieu Triton fort de la Mer , fuivi des Dieux Marins, & des Néréides , qui forment une Entrée.

TRITON.

LE Maître de l'humide empire
Fait annoncer à tout ce qui refpire,
Qu'il va fortir du fein des eaux.

Que les Dieux aux mortels s'uniffent ;
Mêlons nos voix aux concerts des oifeaux :
Que ces bords retentiffent
De nos chants nouveaux.

LE CHŒUR.

Que les Dieux aux mortels s'uniffent,
Mêlons nos voix aux concerts des oifeaux ;
Que ces bords retentiffent
De nos chants nouveaux.

TRITON & le CHŒUR.

Dieu puiffant, vos eaux fecourables
Comblent ces gouffres effroyables,
Reftes du ténébreux cahos ;

Les lieux où meurt le jour, & ceux de sa naissance,
En vain sont séparés par un espace immense ;
     Vous les unissés par les flots.

On danse.

L E   C H Œ U R.

Que les Dieux aux mortels, &c.

(*Les flots s'agitent.*)

T H O A S.

     Quel bruit, semblable au tonnerre,
Font les flots, agités d'affreux soulevements?
     Quels horribles mugissements !
Tous les Dieux aux mortels déclarent-ils la guerre?
     Confondent - ils les élémens ?
     Vont-ils anéantir la terre,
Et de tout l'univers sapper les fondements ?

L E   C H Œ U R.

     Que d'affreux sifflements !
Quels horribles mugissements !

T R I T O N.

Que du Maître des mers tout sente la présence ;
     Que le Soleil s'arrête à son aspect :
     Vents en couroux, faites silence ;
Vous, Terre, frémissés de crainte & de respect !

SCENE VII.

L'OCÉAN paroît au milieu des Flots.

L'OCÉAN, tous les Acteurs de la Scêne précédente.

L'OCÉAN.

TRemble, Thoas ! que fais-tu, téméraire ?
    Malheureux ! quels font tes deſſeins ?
    Tout te trahit, tout t'eſt contraire ;
    Tu cours à la mort, que tu crains.
Moi-même je frémis de ton deſtin funeſte :
Un Dieu vengeur te ſuit ; redoute ſon couroux :
Tremble, Thoas ! ce jour eſt le ſeul qui te reſte
    Pour te dérober à ſes coups.

(L'OCÉAN rentre dans la mer ; TRITON, les Dieux
    MARINS, & les NÉRÉIDES ſe retirent.)

THOAS.

Je vous entends, grand Dieu ! ma tendreſſe eſt mon
    crime.
Feſons des cris des Grecs retentir ce ſéjour ;
    Qu'ils ſouffrent tous une mort légitime !
C'en eſt fait ma pitié n'aura plus de retour :
    L'objet fatal de mon amour,
    Sera la premiere victime.

FIN DU TROISIEME ACTE.

ACTE QUATRIEME.

Le Théâtre repréfente le Temple de DIANE.

SCENE PREMIERE.

IPHIGÉNIE, ISMÉNIDE.

IPHIGÉNIE.

C'Eſt trop vous faire vïolence,
Éclatés, vains ſoûpirs, ſi longtems retenus.
Ma douleur ne ſauroit ſe forcer au ſilence,
Au plus cruël excès mes maux ſont parvenus.
  C'eſt trop vous faire vïolence,
Éclatés, vains ſoûpirs, ſi longtems retenus.

O jours! où dans Argos la gloire & l'abondance,
Du ſort le plus brillant flatoient mon eſpérance;
  Jours fortunés, qu'êtes-vous devenus?
Un barbare me force à ſervir ſa vengeance;
En faveur d'un captif mes eſprits prévenus,

Livrent mon cœur, malgré fa réfiftance,
A des tranfports qui lui font inconnus.

C'eft trop vous faire vïolence,
Eclatés, vains foûpirs, fi longtems retenus.

Non, je n'offrirai point ce facrifice horrible ;
Que le tiran me livre au trépas où tu cours,
Mon cœur, cher inconnu ! t'offrira du fecours :
Et ne mourrois-je pas dans le moment terrible
Qu'un fer impitoyable iroit trancher tes jours ?

I S M É N I D E.

Sa mort n'eft pas encor certaine,
La pitié de Thoas aura quelque retour.

Que l'efpoir flate votre peine :
Un cœur qui, dans le même jour,
Pâffe de l'amour à la haîne,
Revient facilement de la haîne à l'amour.

I P H I G É N I E.

Non, non, rien du tiran n'adoucira la rage.
Hélas ! de tous les Grecs l'amour rompoit les fers,
Leur vaiffeau, pour partir, encor prêt au rivage,
Trouvoit tous nos ports ouverts :
Mais le Dieu terrible des mers
Vient de troubler Thoas, par un affreux préfage ;
Et le barbare, affamé de carnage,

Veut

Veut que du sang des Grecs nos autels soient cou-
    verts !
Non !.. Mais je vois le Chef des captifs de la Grece ;
Laisse-nous seuls. Le Ciel, en cet heureux moment,
M'inspire les moyens d'adoucir mon tourment,
Et de me dérober à ma propre foiblesse.

SCENE II.

IPHIGÉNIE, ORESTE.

IPHIGÉNIE.

JE ne puis vous cacher mes pleurs ;
    Sensible à vos cruëls malheurs,
Je frémis du trépas que le Roi vous prépare.
Que dans les mêmes lieux les cœurs sont différents !
    Non, le climat le plus barbare
De tous ses citoyens ne fait pas des tirans.

ORESTE.

Ne plaignés point ma mort ; elle fait mon envie :
    A des malheureux, comme moi,
Le plus cruël trépas inspire moins d'effroi,
    Qu'une triste & mourante vie.

I P H I G É N I E.

Quel fort vous fait haïr la lumiere des cieux ?
Ne pourrai-je favoir pour qui je m'intereffe.

O R E S T E.

Je fuis un criminel, à moi-même odïeux,
    Banni d'Argos, en horreur à la Grece,
    Et pourfuivi des hommes & des Dieux.

I P H I G É N I E.

Que dites-vous ! Argos vous donna la naiffance ?
Argos, où regne un roi puiffant & glorïeux !

O R E S T E.

Plaignés plûtôt fa mort, & l'horrible vengeance
    Qu'en a pris un bras furïeux.

I P H I G É N I E.

    Il eft mort !... Quelle main perfide
A porté fur fon Roi fa fureur homicide ?

O R E S T E.

Celle qu'un trifte himen uniffoit à fon fort.

I P H I G É N I E.

Quel crime ! juftes Dieux ! quel barbare tranfport !
Et que fait à-préfent cette reine coupable ?
De ce forfait affreux quels ont été les fruits ?

O R E S T E.

Que vous dirai-je ?... Orefte. . . .

IPHIGÉNIE.

Achevés.

ORESTE.

Je ne puis.

IPHIGÉNIE.

Auroit-il approuvé ce crime épouventable ?

ORESTE.

De sa fureur plûtôt apprenés les effèts.
Il a tranché les jours d'une mere infidele ;
Et, s'il s'est montré digne d'elle,
C'est en punissant ses forfaits.

IPHIGÉNIE.

Dieux ! une juste horreur de mon âme s'empare.
Mais quel est le destin de ce fils malheureux ?

ORESTE.

Le Ciel contre lui se déclare ;
Et la mort est l'objet où tendent tous ses vœux.

IPHIGÉNIE, *à part.*

Reste infortuné des Atrides ,
Veuillent pour toi les Dieux appaîser leur couroux !
(*à Oreste.*)
Mon cœur s'interesse pour vous :
Fuyés, sauvés vos jours de mes mains homicides ;
Je veux vos arracher des portes du tombeau.

ORESTE.

Qu'entends-je !

IPHIGÉNIE.

Ma pitié s'est assés fait connoître,
Dès que le céleste flambeau
Sur ces sauvages bords cèssera de paroître,
J'ai fait, pour vous sauver, préparer un vaisseau;
Partés.

ORESTE.

Je pourrois seul, m'arrachant au suplice,
Y livrer tant de Grecs, pour moi prêts à mourir!
A leur fidélité rendons plus de justice;
Sauvés ces malheureux, & me faites périr.

IPHIGÉNIE.

O courage noble & funeste !
O grandeur ! dont les Dieux doivent être jaloux.
Puisse le frere qui me reste
Être aussi généreux que vous !

Mais Dieux ! pour l'affreux sacrifice,
Par l'ordre de Thoas, on a tout préparé.
Au défaut de la force, employons l'artifice;
Rentrés : si je ne puis vous ravir au suplice,
Du-moins il sera différé.

(*Elle rentre avec* ORESTE.)

S C E N E   I I I.

THOAS, Sacrificateurs & Prêtresses
de Diane, Chœur de Peuples.

T H O A S.

ENfin tout va remplir ma haîne;
Mon cœur se livre, sans horreur,
Aux transports du plaisir de rendre une inhumaine
Témoin de toute ma fureur.

Vous, qui goûtés, sous mon obéissance,
Les biens dont fait jouïr la gloire & l'abondance,
Reconnoissés mes soins à mon juste couroux.
Vos mortels ennemis, ces captifs de la Grece,
Prétendoient nous soûmettre à l'effort de leurs coups;
Ils mourront; j'ai juré de les immoler tous :
Et leur sang, rougissant l'autel de la Déesse,
Ne sera versé que pour vous.

Chantés Diane, & sa gloire immortelle;
Que de son nom retentissent ces lieux;
Et que vos chants portent jusques aux Cieux
Et sa puissance & votre zele.

Le **CHŒUR.**

Chantons Diane, & sa gloire immortelle;
Que de son nom retentissent ces lieux;
Et que nos chants portent jusques aux Cieux
Et sa puissance & notre zele.

On danse.

Le **GRAND-SACRIFICATEUR.**

Fille du Dieu, dont le tonnerre
Fait trembler l'Olimpe & la terre,
Écoûtés un peuple soûmis :
Nous vous offrons le sang que nous allons répandre :

Périsse qui veut entreprendre
D'être au rang de nos ennemis !

Le **CHŒUR.**

Périsse qui veut entreprendre
D'être au rang de nos ennemis !

On danse.

Une **PRÉTRESSE**, *alternativement avec
le* CHŒUR.

Vous rassemblés en vous, belle Déèsse,
Tout ce qui fait briller les autres Dieux.

Vous l'emportés sur Flore & la Jeunesse,
Et sur l'éclat de la Reine des Cieux.

Vous raſſemblés en vous, belle Déèſſe,
Tout ce qui fait briller les autres Dieux.

L'Amour vous ſuit; mais l'auſtere Sageſſe
Ne lui permet de régner qu'en vos yeux.

Vous raſſemblés en vous, belle Déèſſe,
Tout ce qui fait briller les autres Dieux.

On danſe.

T H O A S.

Le Ciel doit approuver nos deſſeins légitimes:
Que la Prêtreſſe amene les victimes.

S C E N E IV.

T H O A S, I P H I G É N I E, & les Acteurs
de la Scêne précédente.

I P H I G É N I E.

Roi des Scithes, écoute-moi:
Vous, Peuples, apprenés ce que Diane ordonne:
Elle a parlé; j'en ai frémi d'effroi,
Et d'horreur encor j'en friſonne!
Avant que ſur ſes autels,
Vous immoliés ces captifs criminels,

Il faut qu'un facrifice efface leurs offenfes:
Remettés leur fort en mes mains ;
Et, me laiffant le foin d'éxercer vos vengeances,
Recevés, en tremblant, fes ordres fouverains.

T H O A S.

Hâtés-vous de fervir ma rage ;
Et qu'avant que la nuit obfcurciffe ces lieux,
Leur fang, innondant ce rivage,
Venge mon empire & nos Dieux.

FIN DU QUATRIEME ACTE.

ACTE V.

ACTE CINQUIEME.

Le Théâtre repréfente, d'un côté, une partie extérieure du Temple de D I A N E, entourée d'arbres ; de l'autre des arbres & des rochers ; & la mer dans le fond.

SCENE PREMIERE.

IPIGÉNIE, ORESTE, ISMÉNIDE.

I P H I G É N I E.

C'Eſt au pié du rocher, qui défend cette rive,
    Que le vaiſſeau, qui vous mit ſur ces bords,
Va tromper de Thoas les barbares tranſports,
    Et délivrer votre troupe captive.
        Prête à vous voir percer le ſein,
        Mon cœur a formé le deſſein
De vous faire revoir votre heureuſe patrie :
Le Ciel m'attache à vous par de ſecrèts liens ;

G

50 *IPHIGÉNIE,*

Et, quand je vous rends à la vie,
Je fauve vos jours & les miens.

ORESTE.

Vous me tirés d'un indigne efclavage,
De la Parque fur moi vous fufpendés les coups :
Mais je fens moins cet avantage,
Que la douleur de m'éloigner de vous.

IPHIGÉNIE.

Terminons d'inutiles plaintes,
Et donnons tous nos foins à de plus juftes craintes.
Je puis vous faire un fort heureux ;
Mais il faut qu'un ferment terrible
M'affûre en ce moment du fuccès de mes vœux !

ORESTE.

Mon cœur, pour vous fervir, ne voit rien d'impoffible,
J'en attefte ici tous les Dieux ;
Ceux des enfers, des mers, de la terre & des cieux !
Si je trahis votre efpérance,
Puiffe la foudre en prendre la vengeance ;
Que la terre s'embrâfe & s'ouvre fous mes pas ;
Dans fes gouffres profonds que l'onde m'engloutiffe ;
Et que le Dieu des morts vous venge & me puniffe,
Au-delà même du trépas !

IPHIGÉNIE.

Il suffit ; ma crainte est bannie.
Argos vous est connu ; dans ses murs malheureux
Que pense-t-on d'Iphigénie ?

ORESTE.

Chacun sait qu'en Aulide elle a perdu la vie ;
Et nous pleurons encor son destin rigoureux.

IPHIGÉNIE.

Du sang d'Agamemnon vous savés ce qui reste ;
Mérités tous les soins que j'ai pris de vos jours :
Partés ; dites au jeune Oreste
Qu'Iphigénie ici demande son secours.

ORESTE.

Iphigénie ! o Ciel ! croirai-je ce miracle ?
Les morts reviennent-ils à la clarté des Cieux ?

IPHIGÉNIE.

Aux crüautés des Grecs Diane à mis obstacle,
Dans les Champs de l'Aulide elle a trompé leurs
  yeux ;
Par elle Iphigénie est vivante en ces lieux.

ORESTE.

Dans ces lieux ? Ciel ! mon cœur ne vous en croit
  qu'à-peine.

G ij

IPHIGÉNIE,

IPHIGÉNIE.

O toi, qu'un songe affreux a peint à mes esprits ,
Cher Oreste ! écoute mes cris:
Viens, pars, vole en ces lieux, fends la liquide
plaine;
Brave les vents, les rochers & les eaux!
Arme, pour m'enlever, encor plus de vaisseaux
Que n'en a fait armer la malheureuse Hélene!
Et vous, qui connoissés & mon sort & mon nom,
Partés, servés le sang d'Agamemnon...
Vous vous troublés!

ORESTE.

O Dieux!

IPHIGÉNIE.

Je vois coûler vos larmes.

ORESTE.

Vous appellés Oreste; eh! que peut-il pour vous ?

IPHIGÉNIE.

Ah, que vous me causés d'allarmes!
A-t-il des Dieux vengeurs éprouvé le couroux ?

ORESTE.

Hélas ! quelle est votre espérance ?
A ce frere si cher cessés d'avoir recours:

Lui-même, loin d'Argos, sans appui, sans défense,
Attend tout de votre secours.

IPHIGÉNIE.

Qu'entends-je?quel transport de mon âme s'empare!
Mon cœur s'émeut pour vous, il se trouble, il s'é-
gare:
Le Ciel va-t-il finir mes mortelles douleurs ?
Expliqués-vous!

ORESTE.

Faut-il en dire davantage ?
Vous voyés ma joie & mes pleurs ;
Reconnoissés Oreste à ce langage,
Et plus encor à ses malheurs.

IPHIGÉNIE.

Ciel, Oreste! ah, mon cœur m'en donne l'assûrance:
C'est vous ; j'en crois mes mouvements secrèts;
Vous, qu'à-peine j'ai vu dans votre tendre enfance,
Mais dont, avec transport, je rapelle les traits !

IPHIGÉNIE & ORESTE.

Dieux immortels, achevés votre ouvrage,
Vos bontés ont déja surpâssé nos souhaits !

IPHIGÉNIE.

Quel Dieu vous a conduit dans ce climat sauvage ?

O R E S T E.

Apollon a voulu, pour laver mes forfaits,
Que de Diane ici j'enlevâffe l'image.

I P H I G É N I E.

Ses ordres & vos vœux vont être fatisfaits.

I P H I G É N I E & O R E S T E.

Brîfons nos chaînes,
Hâtons-nous, traverfons les flots;
Cherchons, après tant de peines,
Un doux repos.

I P H I G É N I E, à O R E S T E.

Je crains que le tiran ne vienne nous furprendre;
Allés, je vais ici l'attendre.

(*à I S M É N I D E*)

Toi, fais donner aux Grecs ces dards, ces javelots,
Que ce temple facré garde pour fe défendre :

(*à O R E S T E.*)

J'efpere, quand la nuit fera prête à defcendre,
Partir avec vous pour Argos.

SCENE II.

IPHIGÉNIE, *seule.*

SEuls confidents de mes peines secretes,
Lieux, tant de fois arôsés de mes ple rs ;
Je ne troublerai plus vos tranquilles retraites
Par le récit de mes malheurs.

Depuis long tems captive, gémiflante,
De la rigueur des Dieux je me suis plainte à vous ;
Mais leurs faveurs ont pâflé mon attente :
Plus ma douleur fut violente,
Plus mon bonheur me semble doux !

Seuls confidents de mes peines secretes,
Lieux, tant de fois arôsés de mes pleurs,
Je ne troublerai plus vos tranquilles retraites
Par le récit de mes malheurs.

(Bruit de Combattants.)

Mais quel bruit effrayant ici se fait entendre ?
Quels cris ! Dieux, armés - vous & venés nous défendre !

CHŒUR, *que l'on ne voit point.*

Périflés tous, périflés tous ;
Cédés à l'effort de nos coups !

IPHIGÉNIE.

O ciel !

SCENE III.

ÉLECTRE, IPHIGÉNIE.

ÉLECTRE.

DE vos autels embrassés la défense ;
Vous êtes notre unique espoir.
Trahis par l'un des Grecs, le Roi vient de savoir
Qu'il tient Oreste en sa puissance ;
Il ne veut plus différer sa vengeance.

CHŒUR, *que l'on ne voit point*.

Périssés tous, périssés tous ;
Cédés à l'effort de nos coups !

IPHIGÉNIE.

Je défendrai vos jours aux dépens de ma vie ;
Reconnoissés Iphigénie :

Ne craignés rien d'un tiran furïeux....
Mais quel spectacle, o Ciel ! se présente à mes yeux ?

SCENE

SCENE DERNIERE.

DIANE, IPHIGÉNIE, ÉLECTRE,
ORESTE, PILADE, ISMÉNIDE,

PEUPLES GRECS.

DIANE, à IPHIGÉNIE.

Tes vœux ont expié les forfaits des Atrides,
Oreste est délivré des noires Euménides.

(Aux GRECS.)

Thoas est mort ; le Ciel désarme son couroux ;
Grecs, accourés ; rassemblés vous.

(à ORESTE, IPHIGÉNIE, &c.)

C'est souffrir trop longtems qu'un sacrilege hom-
mage
De Diane en ces lieux ensanglante l'Image :
Qu'elle soit désormais le prix de vos travaux ;
Faites-la révérer chés les Peuples d'Argos.

Rendés des grâces immortelles
Aux Dieux, auteurs de votre heureuse paix :
Et qu'Electre & Pilade, aux gré de leurs souhaits,

H

Par les nœuds de l'himen, par des ardeurs fidelles,
Soient unis ensemble à jamais.

LE CHŒUR.

Que les plaisirs suivent vos peines ;
Descends, Amour, vole ici bas !
D'un doux himen serre les chaînes ;
Puissent - elles durer au - delà du trépas !

On danse.

ÉLECTRE, à DIANE.

C'est par vous, puissante Déèsse,
Que nous avons du fort désarmé les rigueurs :
Vous couronnés notre tendresse ;
Régnés à-jamais sur nos cœurs.

(Un divertissement général termine l'opéra ; & les GRECS
vont s'embarquer.)

FIN DU CINQUIEME ACTE.

APPROBATION.

J'Ai lu, par ordre de Monseigneur le Chancelier, IPHIGÉNIE *en*
TAURIDE, *Poeme*, dont les Réprésentations ont eu beaucoup de succès
dans les différentes reprises au Théâtre ; & je crois que l'Impression en
peut être permise. A Versailles ce vingt-cinq Septembre 1762.

DEMONCRIF.